著作権のトリセツ

❷ 許可を取ろう

人の作品を使いたいときは何をする？

監修：上沼紫野（弁護士・LM虎ノ門南法律事務所）
協力：涌井陽一（日本出版美術家連盟理事／日本美術著作権連合理事）

じゅぎょうで つくった さくぶん

あ　アニメ さくひん

む　むめいのひとが とったしゃしん

げ　ゲームソフ［ト］

さ　サブスクで きけるきょく

こ　こくごじてん

ぶ　ぶよう さくひん

汐文社

まえがき

　みなさんが学校や自宅で、作文を書いたり絵を描いたりしてできた作品は、「著作権法」という法律で守られます。著作権法では、自分の作品、つまり「著作物」が、勝手に他人に扱われることがないようにするためのルールが定められています。

　このシリーズは、著作権法にもとづいて、他人が創作した著作物を正しく扱う方法を紹介するものです。シリーズ1巻では、他人の文章や絵などを使うときに許可を取らずに利用できると認められている「引用」のルールを解説しました。それは例外的なルールで、他人の著作物を使うときには基本的に作品を作った人、つまり「著作者」や、その権利を管理している人（団体）、つまり「著作権者（12ページ参照）」に許可を取ることが著作権法で定められています。

　2巻では、許可を取って著作物を利用する方法について説明していきます。このシリーズを読み、自分の作品と同じように、他人の作品も大事に利用できるようになりましょう。

もくじ

- 学校の行事でも許可は必要になる? ... 4
- 他人の著作物を使うときに確認すること ... 6
- 著作物利用のための許可をもらおう ... 12
- 権利の管理団体がある場合の許可の取り方 ... 16
- 著作権者がわからない場合はどうするの? ... 18
- 許可を取らないとどうなるの? ... 20

インタビュー
- 生成AIってなんだろう? どう扱えばいいの? ... 24
- 著作権があるから守られること ... 28
- さくいん ... 30

学校の行事でも

許可は必要になる?

利益を目的とせず、無料でなら「上演」「演奏」「上映」「口述」は許可を取らずに行える

　学校の学芸会での劇の上演、歌や演奏、読み聞かせなどは金銭上の利益を目的としていません。さらに、観客から料金を受け取らず、出演者への報酬もないという条件を満たしていれば、許可を取らずに音楽や映像などの「著作物」を利用することが可能です。ただし、その様子を録音・録画して複製物を作る場合や学校のホームページなどで公開する場合は、条件からはずれるので許可を取る必要があります。

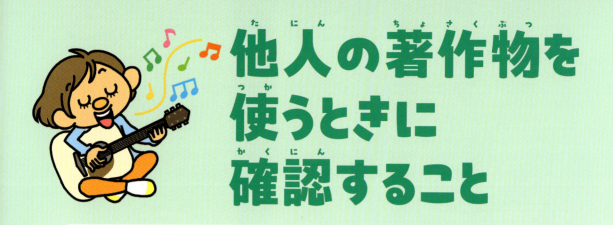

他人の著作物を使うときに確認すること

他人の著作物を使うときは、基本的に「著作権者」の許可が必要です。まずは、ここから説明する「許可取り前のチェック」を確認しましょう。

使いたい作品は日本で保護されている著作物?

著作物の利用方法については、各国の「著作権法」で定められています。ただ海外の作品でも日本で利用する場合は、日本の著作権法に従うことになっています。日本で保護されている著作物とは右の項目のものです。実際に国内で流通している著作物のほとんどは、右のどれかにあてはまるので保護対象と考えていいでしょう。

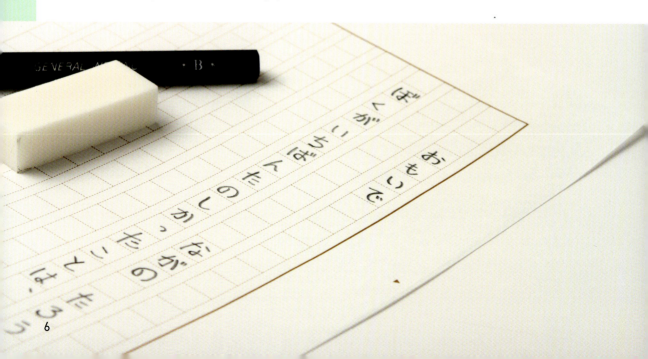

日本で保護されている著作物とは

日本国民が作った著作物

日本で最初に発行された著作物

条約によって日本が保護する義務をもつ著作物

著作権に関する条約「ベルヌ条約」「万国著作権条約」などの加盟国の著作物。ほとんどの国の著作物はこれにあたります

　ちなみに8ページ以降で説明するのは、公開されている他人の著作物を利用する場合の手順です。単なる事実やデータ、著作物のアイデア、だれでも考えつくようなありふれたもの、他人の模倣品、工業製品などは著作物ではないということも再確認しておきましょう（くわしくは、1巻6～9、29ページ参照）。

日本で保護されている著作物の場合は、**8ページに進みます。**
あてはまらない場合は、原則として許可を取らずに利用できます。

他人の著作物を使うときに確認すること

許可取り前のチェック 2
使いたい作品は著作権の保護期間内のもの?

著作権の「保護期間」とは、著作権法で定められた権利が保護される期間のことです。著作物は永久に保護されるわけではなく、一定の期間がすぎた後は社会全体の共有財産として自由に利用することができます。そのため、使いたい著作物が保護期間をすぎていれば、許可を取らずに利用することが可能です。

著作権の保護期間は何年?

著作権の保護期間は「著作者」が著作物を創作したときに始まって、著作者が生きている間プラス死後70年が原則です。そのため、著作者死亡の翌年1月1日から70年が保護期間です。著作者が団体名義のものや映画は、作品を公表した翌年1月1日から70年となります。

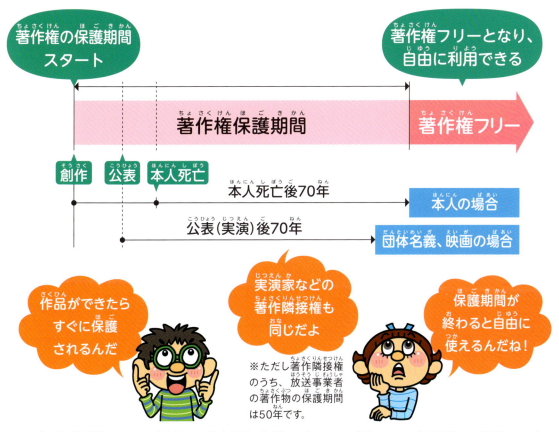

※「著作者人格権（20ページ参照）」の保護期間は著作者が生きている期間ですが、著作権法では著作者の死後（または団体の解散後）も著作者人格権を侵害するような行為はしてはならないとされています。
※サンフランシスコ平和条約にもとづいて、連合国の国民が第二次世界大戦前または大戦中に取得した著作権については、「戦時加算」といって、通常の保護期間に戦争期間（約10年5か月）を加算して保護されます。

著作権の保護期間内の著作物の場合は、**10ページに進みます。**
保護期間をすぎている場合は、著作権者の許可を取らずに利用できます。

他人の著作物を使うときに確認すること

許可取り前のチェック 3 使いたい作品は「例外的に許可を取らずに利用できる」と認められているもの?

著作権の保護期間内のものでも、「例外的に許可を取らずに利用できる」と認められているものがあります。その例外は「権利制限規定」といって、著作者の権利を特別に制限するものです。

ただし、この権利制限規定に沿って作られた複製物は、当初の利用目的以外には使えません。たとえば授業目的で複製したものを、授業以外で使うことは許されていないのです。自分の楽しみのために作った複製物（私的使用のための複製）を他人に売る行為も著作権の侵害となります。

例外的に許可を取らずに利用できるおもなケースの例

私的使用のための複製

自分や家族が楽しむために、利用する本人が著作物を複製するのはOK。けれども録画した動画を他人に貸したり、コピーガードなどを解除して複製したり、著作権を侵害したものと知りながらダウンロードしたりすることは違法。

録っておいてよかったね!

10

図書館などでの複製

ルール内であれば、公共の図書館（学校図書館はふくまない）で本や資料を調査研究のためにコピーできる。

自分の著作物への引用

※くわしくは1巻で紹介しています。

自分の著作物に引用する必要がある場合は、以下のルールを守ればOK。

- 目的が正当で引用を必要とするもの
- 自分の著作物が「主」で引用がその一部の「従」である
- 文章の引用では「 」でくくるなど、どこが引用部分かわかりやすくする
- 引用した著作物のタイトルなどの引用元の情報を明示する

学校など教育機関での複製やインターネット送信

教師や児童・生徒が授業で使うための複製はOK。ただし、複製物をインターネットを介して配信やメール送信する場合は補償金が必要。

※補償金は学校がまとめておさめているので個別の支払いは不要。くわしくは3巻参照。

営利を目的としない上演など

金銭上の利益を目的としないこと、出演者などに報酬がないこと、入場料を取らないことを条件に、著作物の演奏や上演、上映、口述はOK。

例外的に利用できるケースはこのほかにもあり、くわしい説明は3巻でします。

例外的に許可を取らずに利用できるケースにあてはまらなければ、

12ページに進みます。

権利制限規定にあてはまる場合は、許可を取らずに利用できます。

著作物利用のための許可をもらおう

　11ページまでのどのケースにもあてはまらなければ、権利をもつ人に連絡して許可を取ることで、著作物を利用することが可能になります。そのため、使いたい著作物の著作権をもっている人がだれなのか調べなければなりません。こうした権利をもっている人のことを「著作権者」とよびます。

　著作権者がすぐわかる場合はいいのですが、だれだかわからないこともあるでしょう。また、権利者が複数いる場合は、それらすべての許可が必要となります。そこで、だれが権利をもっていて、どこに連絡すればいいのかを確認することが最初に必要です。

　出版物（本）や音楽CDなどの場合は出版社やレコード会社などを通じて、著作者や実演家（著作物を広めた人などの権利・著作隣接権を所有）

などの著作権者の許可を取るという手段があります。ここからは、出版物を例に、その手順について説明します。

※現在、ほとんどの日本の出版社は著作権をもたず、利用許諾権限もありません。著作権者へ連絡を取る役割を担っている状況です。

著作物利用の申請の流れ（出版物の例）

1 使いたい本を発行している出版社の連絡先を調べます。本の一番後ろのページなどにある奥付に連絡先はのっていますが、ホームページに著作物の利用について説明していることも多いので、まずはその出版社のホームページを確認しましょう。

2 ホームページの「お問いあわせ」や「よくある質問」などに、著作物の利用についての説明ページがあります。著作物を利用する際の連絡先がのっている場合もあれば、そのページから利用の申請ができたり、利用許可申請書のダウンロードができたりする場合もあります。各出版社の示す手順に沿って申請をしましょう。とくに案内がない場合は、メールなどで問いあわせましょう。そのときに、日本書籍出版協会のホームページから「著作物利用許可申請書」を用意しておくといいでしょう。

●著作物利用許可申請書ダウンロード先
https://www.jbpa.or.jp/pdf/guideline/p4.pdf

14ページへ続く

許可を取るために整理しておくといいこと

●利用する著作物の書名・作者名・出版社名

●利用する著作物とその範囲
（著作物全部なのか、どの箇所なのかなど）

●利用する人　●利用の目的　●利用の方法

●入場料や謝礼などの有無　●利用予定日や期間（回数）

著作物をどう扱うか事前に整理しておくといいんだね

著作物利用のための許可をもらおう

3 基本的に本の著作権は出版社はもたないため、出版社は著作権者に連絡して申請内容を伝え、利用の可否を確認します。

4 著作権者からの著作物の利用が可能かどうかの返事が出版社を通じて届きます。目的や利用方法によっては、許可がもらえない場合や使用料が必要な場合もあります。逆に無償のケースもあります。

5 提示された使用料を支払います。

6 申請した内容どおりに、著作物を利用します。利用して作ったものの見本を出版社へ送付する必要が生じる場合もあります。

著作物の利用、どんな問いあわせが多い？

　本に関わる著作物の利用で、よく出版社に問いあわせがある質問についてまとめました。事前に確認して許可の連絡をするときの参考にしてください。

☑ 本を学校の授業で使うためにコピーしたい

授業で使うためなら許可は不要です。ただし、配布する場合は「必要な限度」にとどめます。連絡を受けた場合、「必要な限度」としてクラスの人数分配布し、かつ使用後に回収をお願いする場合が多いようです。

☑ ブックリストを作るために本の表紙を使いたい

基本的に本の表紙も著作物と考えられますが、表紙であれば、自由に使っていいとホームページで案内している出版社もあります。

☑ 営利目的でない会での絵本の読み聞かせ

非営利で料金などを取らず、出演者への報酬がないのであれば、著作権者に許可を取らずに行えます。ただし、著作物をスキャン（複製）してプロジェクターを使う場合やオンライン開催の場合は許可が必要です。

☑ 本にのっているイラストや写真を使いたい

イラストや写真だけの二次利用については受けつけていない場合が多いようです。

※このページのくわしい内容については、3巻で解説します。

権利の管理団体がある場合の許可の取り方

　すべての著作物について、利用者がそれぞれの連絡先を調べて許可を取るのは大変なので、著作物がスムーズに利用できるように、著作権者から権利の管理を任されているのが「著作権等管理事業者」です。音楽の著作権を管理する日本音楽著作権協会（JASRAC）が有名です。

　使いたい著作物を著作権等管理事業者が管理している場合、管理事業者に申請して許可を取り、使用料を支払うことで著作物の利用が可能になります。使用料は事業者経由で著作権者に分配されます。

　主要な著作権等管理事業者には17ページ下のような団体があります。すべての分野に管理事業者があるわけではありませんし、著作権者が事業者に加入していない場合や一部の権利を委託していない場合もあります。そのため、事前に許可を取る予定の著作物や権利を管理している著作権等管理事業者があるかどうかをホームページなどで確認し

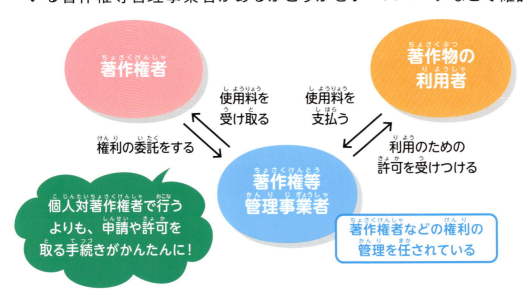

ましょう。登録状況は更新されており、最新の状況は文化庁の「著作権等管理事業者の登録状況」で確認することができます。

著作権等管理事業者への申請の流れ

1 本、音楽、シナリオなど、使いたい著作物の分野ごとに団体があるので、文化庁のホームページの「著作権等管理事業者の登録状況」を参考に、著作権等管理事業者を探します。

2 利用したい著作物が該当していそうな著作権等管理事業者のホームページで、その権利を管理しているかどうか確認します。ほとんどの場合、作品名などから検索することが可能です。

3 その著作権等管理事業者で使いたい著作物を管理しているとわかったら、利用申請を行います。多くはそのホームページのWebフォームなどから申請できます。

4 手順に従って使用料を支払います。

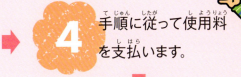

5 利用の許可がおり、「利用許諾書」などの発行を受けます。許可が取れたら、申請した利用方法のとおりに著作物を使います。

主要な著作権等管理事業者

音楽など	一般社団法人日本音楽著作権協会(JASRAC)
CDの音源など	一般社団法人日本レコード協会(RIAJ)
図書や学術雑誌など	公益社団法人日本複製権センター(JRRC)、一般社団法人出版者著作権管理機構(JCOPY)、一般社団法人学術著作権協会(JAC)
教科書など	一般社団法人教科書著作権協会(JACTEX)、株式会社日本ビジュアル著作権協会(JVCA)
シナリオなど	協同組合日本脚本家連盟(WGJ)、協同組合日本シナリオ作家協会

著作権者がわからない場合はどうするの？

　著作物を利用するための許可を取ろうと思っても、「だれが権利をもっているかわからない」「著作権者の連絡先がわからない」ということもあるでしょう。そうした場合は文化庁長官の裁定を受けて、通常の使用料に相当する「補償金」を支払うことで著作物を利用することができます。

　この「著作権者不明等の場合の裁定制度」を利用するには事前に、インターネットで検索したり、関係者にたずねたり、情報の提供をよびかけたりなどした上で、裁定を受けるべきケースと認められる必要があります。以下の文化庁のホームページから制度を利用するための申請書類がダウンロードでき、おおよその補償金額も調べることができます。

● 著作権者不明等の場合の裁定制度
https://www.bunka.go.jp/seisaku/chosakuken/seidokaisetsu/chosakukensha_fumei/

　著作権者がわからなかったり連絡が取れなかったりする例は増えており、こうした著作物をオーファンワークス（孤児著作物）といいます。著作物の広い利用のためにも、オーファンワークス問題の解決が待たれています。

外国の著作物の場合はどうしたらいいの？

　著作物については、世界の国の間でベルヌ条約や万国著作権条約という国際条約を結び、保護しあっています。日本の著作物同様、外国の著作物も、利用のためには著作権者に許可を取る必要があります。日本の著作権等管理事業者が外国の著作権管理団体とおたがいに契約をしている場合は、日本の著作権等管理事業者を通じて申請することができます。ただし、日本の著作権等管理事業者が扱っていない場合は、外国の著作権者に直接連絡を取るか、日本のエージェント窓口などを通じて連絡を取ることになります。

　出版物の場合は日本の出版社に申請してエージェントから外国の出版社経由で著作権者に連絡を取るケースも多いようです。エージェントをとおす際は、著作物の使用料のほかにエージェントの手数料がかかる場合もあるので、料金についても確認しておきましょう。

※使う国の著作物の保護期間が日本と異なる場合もあります。たとえば、日本より保護期間が短い国の著作物は、その相手国の保護期間だけ保護されます。

許可を取らないとどうなるの？

　著作権法で定められている著作者の権利のうちの1つ、著作者人格権は、著作物をとおして表現された著作者の人格を守るものです。著作者人格権にもとづき、以下のような行為はやめましょう。

- 著作者の了解なしにみんなに見せる
- 著作者の了解なしに著作者の名前を変える
- 著作者の了解なしに作品を変える

　著作者の権利のうちのもう1つ、著作権（財産権）は次のようなことを保護しています。

著作権を侵害すると

刑事罰
- 10年以下の懲役または1,000万円以下の罰金（親告罪※、併科※も可）
- 法人の場合は3億円以下の罰金

民事
- 現在または今後の侵害を防ぐための差止請求が可能
- 損害賠償の請求が可能
- 不当な利益の返還請求が可能
- 名誉回復などの措置の請求が可能

著作権者から許可を取らずに利用すると、罰則の対象になったり、損害の賠償を求められたりします

※親告罪：告訴をしなければ、犯罪者を罪に問うことができない罪。親告罪の場合、検察官が起訴するためには被害者の告訴が必要。
※併科：懲役と罰金の2つ以上の刑罰を同時に科すこと。

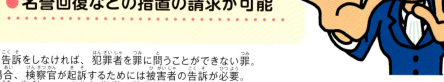

- 作品を複製することを制限する(複製権)
- 多くの人に伝達することを管理する(公衆送信権・公の伝達権)
- 二次的著作物を管理する(二次的著作物の利用権)

※上記のほか、著作権(財産権)では、上演権・演奏権、上映権、口述権、展示権、頒布権、譲渡権、貸与権、翻訳権・翻案権が守られます。
※著作権(財産権)は他人にゆずりわたすことが可能です。ゆずられた人が著作権者になります。

　私たちが他人の著作物を利用する際に使用料を支払うのは、著作者の財産となる権利を守るためで、さらには著作者の今後の創作活動を守るためです。そのため、許可を取らずに著作物を使ったり、改変したり、勝手に多くの人に公開したりすることは、基本的に「著作権侵害」となります。著作権を侵害した人は、逮捕されて大きな罰金刑や懲役刑が科せられたり、損害賠償を請求されたりすることがあります。

著作権を侵害する海賊版の問題

　現在の著作権法は1971年から施行されていますが、その頃、多くの人は利用者として、著作物を使ったり楽しんだりする立場でした。ところが

許可を取らないとどうなるの？

デジタル技術の進歩に伴って、たとえばSNSなどを使い、どんな人でも手軽に、自分で著作物を作り公開することができるようになったのです。

その変化はとてもいいことなのですが、そうした技術の進歩で、公開された著作物を他人が気軽に扱うことも可能になり、問題も生まれました。他人の著作物を勝手に使ったり、勝手に大量に複製して売ったりするという行為です。その中には、他人の著作物のデータを集めて無料公開し、視聴数を集めて広告収入を得る「海賊版サイト」などがあり、あるサイトは5億以上のアクセス数を集め話題になりました。

海賊版サイトでどんなに人気が出ても、お金が入るのは海賊版を作った人だけです。正規のルートで作品を利用しないと、作者（著作権者）に報酬は入りません。そうすると、作者やその製作を応援する会社の収入はなくなり、将来作り手がいなくなってしまうという事態も起こりうるのです。

違法ダウンロードをすると

刑事罰
- 常習性が認められる場合、2年以下の懲役または200万円以下の罰金（親告罪、併科も可）

民事
- 現在または今後の侵害を防ぐための差止請求が可能
- 損害賠償の請求が可能

著作物の正規版が有償で提供されている場合、海賊版サイトのようなところから違法にアップロードされた著作物と知りながらダウンロードすることは違法です

新技術の登場で、今後も著作権法の検討が迫られている

　著作権に関わる問題として、近年新たに注目を集めているのが「生成AI」です。それは、人が作り出したような新しい創造物を生み出すことができる人工知能のことです。生成AIは私たちの暮らしを便利にするために使われていますが、その扱いに関しては、新たな技術のため、これまでの法律だけでは対処できなくなっています。

　そこで24ページから、一般社団法人メディア教育研究室代表理事の今度珠美さんに、生成AIとはどんなもので、学校でどんな使われ方をされているのか、どのように使うといいのかなどについて語ってもらいます。

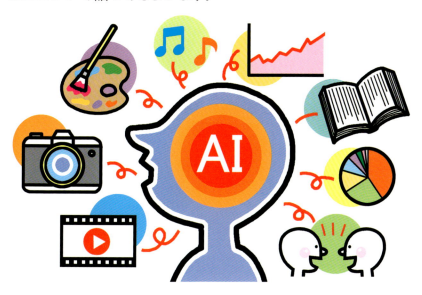

インタビュー

生成AIってなんだろう？どう扱えばいいの？

「生成AIは、私たちの生活にとても身近なもの。使い方について正しい知識を身につけてほしい」と話すのは、メディア教育の専門家の今度珠美さん。生成AIを使うときの著作権に関して注意すべきことなどについて、お話を伺いました。

Q 生成AIとは、どんなものですか？

生成AIは、「使う人が指示（プロンプト）を与える」→「生成AIがこれまでに学習したデータの中からもっとも適した回答を考える」→「回答が出力される」という仕組みで、文章、画像、音楽、動画などを作り出すコンピュータ・プログラムです。たとえば以下のような、さまざまなものを生み出すことができます。

生成AIにできることの例

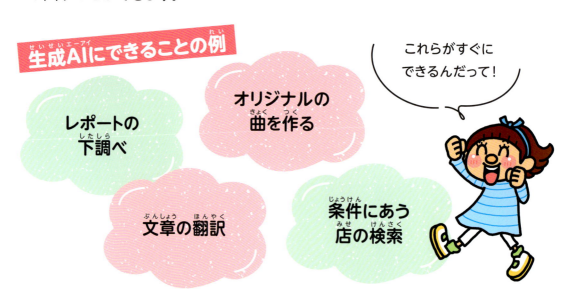

- レポートの下調べ
- オリジナルの曲を作る
- 文章の翻訳
- 条件にあう店の検索

これらがすぐにできるんだって！

Q 生成AIとこれまでのAIはどこが違うのですか?

　AIとは「人工知能」のことで、学習したデータを元に画像や音声を認識して、人間の知能と同じような判断をします。周囲の状況にあわせて自動で温度調節ができるエアコン、障害物をよけて動くロボット掃除機、顔認証システムなどにもAIが使われています。

　生成AIも、AIの1つです。ただ、これまでのAIは決められた範囲の中で判断や動作をしていたのに対し、生成AIはインターネット上の情報などから学習したデータを元に、新しいコンテンツ（作品）を生み出すことができます。文章、画像、音楽、動画などの創作活動に用いることもできるため、元の作品を作った人がもっている著作権への配慮が必要になります。

Q 生成AIを使うと、知らずに著作権侵害をしてしまうこともあるって本当ですか?

　生成AIは、「〇〇を作って」といった指示を受けると、インターネット上の情報などから学習したデータを元に、生成物を作成します。インターネット上に公開されている作品には著作権で守られた無断で使用してはいけないものもふくまれています。そのため、生成AIの生成物は他人の作品をまねした、著作権を侵してしまったものになってしまうおそれがあると考えられます。生成AIが作った文章、画像、音楽、動画などをそのまま発表することはさけましょう。

　また、生成AIは、指示を出すときに入力した情報からも学習しています。他人の文章をそのまま入力して指示を出すと、その文章の内容を生成AIがまねして、著作権を侵してしまうおそれもあります。

※2025年1月現在の著作権法では、著作物を生成AIの学習用データとして利用することは原則として著作権侵害にあたらないとされています。

Q 生成AIを使うときに、気をつけることはありますか？

生成AIは著作権の問題を抱えていること以外にも、使い方をまちがえると危険をまねくおそれがあります。次の点に注意して使いましょう。

❶ 大人と一緒に使う

生成AIサービスには年齢制限などのガイドラインがあるので、確認した上で利用しましょう。ChatGPTの場合、13歳未満の子どもは大人と一緒に使う必要があります。

❷ 個人情報は入力しない

生成AIは入力された情報からも学習しているため、入力された個人情報や企業秘密などが回答として外部に流出する可能性があります。自分や家族、友だちなどの個人情報や写真、秘密の情報などは入力しないようにしましょう。

❸ ニセモノの情報に注意する

インターネット上にはニセモノの情報もあるため、生成AIはニセモノの情報にもとづいた生成物を作ってしまう可能性もあります。それをそのまま広めてしまわないように、内容が正しいかどうかをよく確かめましょう。

❹ 人間がもつ偏見が反映されることを知っておく

たとえば、生成AIに「研究者の絵を描いて」と指示すると、男性の絵ばかりを描くことがあります。これは、生成AIが学習したデータに、人間がもつ「研究者といえば男性」という偏見が反映されてしまうためです。生成物を作るときは、偏見や差別につながる要素がないかを確認する視点も大切です。

Q 学校の学習で生成AIを役立てるときに心がけるといいことはありますか？

ChatGPTなどの生成AIは私たちの生活に身近なものとなっていて、これからは学習をする場面で、先生や身近な大人と一緒に使う機会も増えていくと思います。学校の宿題やレポートに生成AIを活用する場合は、提供元や学校などで決められた使い方のルールに従いましょう。ルールが定められていない場合は、「生成AIの回答を丸写しするのではなく、参考にして自分なりの考えをまとめるのであればOK」など、どこまでの範囲なら活用していいのかを、先生や身近な大人とみなさんでよく話しあって決めてほしいです。

また、生成AIはインターネット上の不確実な情報にもとづく回答をすることもあるため、すべての回答が正しいとはかぎりません。調べ学習で用いたり発表物を作ったりするために使うときは、ヒントをもらうにとどめ、生成AIの回答をそのまま使わないようにしましょう。生成AIの回答をうのみにせず、本や公的機関のホームページで調べたり、先生や周囲の大人に聞いたりといった、ほかの方法でも確かめる習慣を身につけることも、さまざまな調べものをする上で大切な姿勢です。

今度珠美さん

一般社団法人メディア教育研究室代表理事。国際大学GLOCOM客員研究員。年間150校を超える小・中・高等学校で、「メディアが伝える情報を読み解き、自らも情報を発信していく能力を養う教育」や「デジタル技術を活用して社会に積極的に参加する能力を養う教育」の授業を行う。

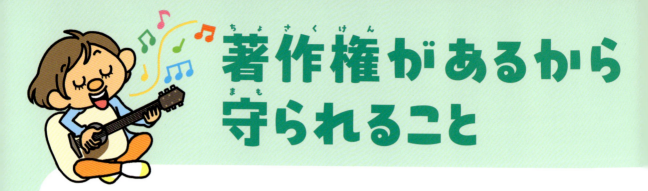

著作権があるから守られること

　ここまで、他人の著作物を使うときには例外をのぞいて許可が必要だということ、実際に許可を取るための方法、他人の著作権を侵害した場合のことなどについて学んできました。

　著作権というと、「なんだか、むずかしそう」と思いがちですが、著作権を守ることはみなさんの未来を守ることにも通じます。著作権を身近に感じられるよう、最後にみなさんでできるケーススタディを紹介します。これを使って、学校や家族のみなさんと著作権について考えてみましょう。

ケーススタディ：考えてみよう

あなたが夏休みの宿題で描いたポスターがよくできていたので、学校を代表して市役所に掲示されることになりました。あなたは自分のポスターをどう扱ってほしいですか？「答えのヒント」を参考に考えてみましょう。

答えのヒント

- 展示されるのはうれしい？　それとも展示されたくない？
- より多くの人に見てほしい？　それともあまり見てほしくない？
- 展示に本名が出るのはうれしい？　それともほかの方法がいい？

みなさんの意見はどうですか。ほかの友だちや家族に聞いてみると、答えは違うかもしれません。自分の作品をどう扱ってほしいかについては、作った本人に聞いてみないとわからないものです。だから、作った本人（著作者）に確かめましょう、ということが著作権の原点です。そうした身近なことから、著作権を守る大事さを身につけていきましょう。

※ケーススタディは一般社団法人メディア教育研究室代表理事今度珠美さん提供の情報を元に作成。

さくいん

あ
引用……………………………… 2、11
オーファンワークス ……………… 18

か
海賊版…………………………… 21、22
権利制限規定…………………… 10、11

さ
実演家…………………………… 9、12
親告罪…………………………… 20、22
生成AI …………………… 23、24、25、26、27
戦時加算………………………… 9
損害賠償………………………… 20、21、22

た
ChatGPT ………………………… 26、27

著作権（財産権） ………………… 20、21
著作権者不明等の場合の裁定制度 …… 18
著作権侵害 ………………………… 21、25
著作権等管理事業者 ……………… 16、17、19
著作権フリー ……………………… 9
著作権法 …………………………… 2、6、8、9、20、
　　　　　　　　　　　　　　　　　21、23、25
著作者人格権 ……………………… 9、20
著作隣接権 ………………………… 9、12

は

万国著作権条約 …………………… 7、19
併科 ………………………………… 20、22
ベルヌ条約 ………………………… 7、19
保護期間 …………………………… 8、9、10、19
補償金 ……………………………… 11、18

- **監修／上沼紫野（うえぬま・しの）**
  LM虎ノ門南法律事務所所属弁護士。1997年に弁護士登録。2006年にニューヨーク州弁護士登録。知的財産、IT関連、国際契約等の業務をおもに行う。総務省ICTサービス安心・安全研究会「青少年の安心・安全なインターネット利用環境整備に関するタスクフォース」委員、こども家庭庁「青少年インターネット環境の整備等に関する検討会」委員などを務める。共著に『著作権法実戦問題』（日本加除出版）、監修に『改訂新版　学校で知っておきたい著作権』シリーズ（汐文社）などがある。

- **編集／スタジオ・マナ（橋本真理子）**
  一般書籍、雑誌、企業の冊子、Webを中心に、企画・編集・執筆を行っている。おもな制作物に『東京フィフティ・アップBOOK』（東京都福祉保健局）、『からだにいいこと』（世界文化社）、『たまひよオンライン』（ベネッセコーポレーション）、『気をつけよう！ネット動画』シリーズ、『のぞいてみよう　外国の小学校』シリーズ（以上、汐文社）などがある。

- **協力／涌井陽一**
  一般社団法人日本出版美術家連盟理事（著作権担当）、日本美術著作権連合理事

- **イラスト／どいまき**　　● **デザイン／大岡宏子**

- **取材／安永美穂**　　● **編集担当／門脇 大**
  （24〜27ページ）

- **写真提供**
  Sally B.、カリスタ、Graphs、kckate16、Yevhen Shkolenko、buritora、Kazpon、ちっち、shimi、metamorworks、Fast&Slow、yukinosirokuma／PIXTA

人の作品を使いたいときは何をする？　著作権のトリセツ
②許可を取ろう

2025年3月　初版第1刷発行

編　集	スタジオ・マナ
発行者	三谷　光
発行所	株式会社汐文社
	〒102-0071　東京都千代田区富士見1-6-1
	TEL 03-6862-5200　FAX 03-6862-5202
	https://www.choubunsha.com
印　刷	新星社西川印刷株式会社
製　本	東京美術紙工協業組合

ISBN978-4-8113-3207-9